AF542767

LE CHAMPION DES FEMMES.

Qui soustient qu'elles sont plus nobles, plus parfaites, & en tout plus vertueuses que les hommes.

CONTRE

Vn certain Misogynés Anonyme auteur & inuenteur de l'imperfection & malice des Femmes.

Lingua tertia mulieres viratas priuauit eas laboribus suis.
Ecclesiastici c. 28.

PAR LE CHEVALIER DE L'ESCALE.

A PARIS,
Chez la veufue M. GVILLEMOT, au Palais, en la galerie des Prisonniers.
M. DC. [illegible]
Auec Priuilege du Roy.

A MADAME MADAME LA DVCHESSE D'ELBEVF.

ADAME,

A qui plustost sçauroy-ie dedier ce petit Liuret escrit à la loüange des Femmes, qu'à vous qui estes l'honneur de ce sexe, la gloire de nostre siècle, le bon heur de vostre maison, & le ferme soustien d'une des illustres branches de la puissante tige de Lor-

raines? Vous estes la viuante image de la vertu, où l'enuie ne peut trouuer à redire, où l'eloquence ne sçauroit adiouster. Vostre vie est un grand miroir, qui nous représente nayfuement icy bas toutes les actions, qui nous peuuent heureusement conduire là haut. Vostre ieunesse a esté exemplaire, & vostre mariage le veritable patron de l'amour coniugal. Demeuree veufue d'un grand Prince, & mere de tant de beaux enfants, dignes rejettons de la race de Godefroy de Bouillon, vous faites paroistre par tout de la modestie, & de la prudence. Bref, vous ſeule pouuez ſeruir d'argument inuincible, combien les femmes ſont plus parfaictes que les hommes. Ie combats icy vn monſtre, dont l'impure bouche s'eſt efforcee de ternir auec ſa puãte haleine, le luſtre immortel de voſtre ſexe. Mais il luy eſt arriué comme à ceux qui crachent contre le Ciel, auſquels leur ordure tombe ſur eux meſmes. Si ie ne dis ſi bien comme ie deuroy faire deuant vous, ou comme le merite la dignité de la matiere, ie doy eſtre excuſable. Mon apprentiſſage ny mon intention ne furent iamais d'eſcrire des Liures: mais ma pro-

fession est de proteger, defendre, & maintenir l'honneur des Dames. C'est vn sexe innocent & foible, qui nous est recommandé du Ciel à nostre charge. C'est la moitié du monde, & la meilleure part. Pourquoy le public a de l'interest, que leur renō soit conserué en son entier, & que l'arrogāce de ces langues detestables soit rembarree. Voilà l'equitable suject qui m'a faict prendre la plume, & par ceste voye inaccoustumee, declarer au monde combien les femmes sont recommendables. Faictes-moy donc l'honneur, ie vous supplie, de receuoir d'vn bon œil ce presen que ie vous fais, non pas pour recognoissance des infinies obligations que ie vous ay , car elle seroit trop petite : mais pour tesmoigner à vn chacun que ie desire viure & mourir

MADAME,

Vostre tres-humble & tres-obeyssant seruiteur.

LE CHEVALIER DE LESCALE.

AV LECTEVR.

IL y a quasi sept mois qu'en moins de huict iours ie fis ceste response pour l'honneur des femmes, contre vn certain Alphabet de malice, & d'imperfection, qui couroit lors nouuellement imprimé au preiudice d'vn si noble sexe. Et comme la premiere feuille estoit dessoubs la presse, il m'arriua vne puissante fascherie, qui me mit en peine pour l'amour d'vne Dame, arrestant en mesme temps ce [illegible] i'aimoy le plus, & tous mes p[illegible] & escritures. Ce mal[illegible] peut-estre seruy de [illegible]etexte à vn esprit plus foible que le mien, à ne dire iamais bien de ceste generation, puis que pour vne femme on me faisoit receuoir tant de desplaisir. Mais considerant aussi qu'elle n'est point la cause de mon mal, bien qu'elle en soit le suject, & que toute cette trahison ne m'a esté dressee que par des hommes, ie n'ay rien voulu rabatre de ce premier dessein. Ie te donne donc auiourd'huy de bon cœur ce que i'ay escrit il y a long temps, te priant d'en faire ton profit, & de tenir pour maxime, que iamais honneste homme n'employa sa langue à mesdire des femmes, de quelque condition qu'elles puissent estre. Que s'il nous arriue des malheurs à leur occasion, & que ce soit par noſtre faute, nous auons tort de les blaſmer, puis que nous en ſommes les autheurs. Mais ſi nous voulons dire que ce ſoit la leur, il faut que nous confeſſions auſſi toſt que nous auons moins d'eſprit, & nulle prudence du tout, puis que nous-nous laiſſons ſi mal conduire par elles. De ſorte que nous ne ſçaurions nous en plaindre de quelque façon que ce ſoit, qu'il n'y ait de l'iniuſtice ou de la honte. Ie ne veux point nier qu'il ne ſe puiſſe trouuer de mauuaiſes femmes par le monde : mais il faut auſſi qu'on m'auouë qu'alors qu'il s'en rencontre, que c'eſt pour vne punition diuine des meſchants ; comme au contraire, la femme ſage nous eſt enuoyee du Ciel pour benediction. Ainsi que Salomõ, le plus sage des hommes, asseure tout clairement ces deux poincts: l'vn en son liure de Sapience Chapitre 3. quand apres auoir raconté les disgraces qui suiuent les impies, il dit. *Leurs femmes sont folles*. L'autre en ses Prouerbes Chapitre 19. *La femme prudente est proprement donnee du Seigneur*. Paroles qui concluent necessairement, que si Dieu permet par-fois qu'il y ait des femmes mal sages, ce n'est pour autre suject que pour nos pechez. C'est pourquoy ie te conseille de bien considerer ceste raison, & à mon imitation ne dire iamais mal des femmes. Adieu.

AVX HOMMES.

COmbien y en aura-il de vous autres qui voyant ſeulement le tiltre de ce liure, le ieteront auſſi toſt, & fronçants le nez de colere, diront que c'eſt vne erreur trop manifeſte de vouloir ſouſtenir que les femmes ſont plus parfaictes que vous, & que ſans doute elles valẽt beaucoup moins. Ah pauures gẽts! eſt il biẽ poſſible qu'il y en ait de ſi laſches de courage ou imbecilles d'eſprit, qui veuillent diſputer de rang & de preéminence auec les femmes? Les Roys leur donnent la main droite, les Princes le haut-bout, les grands leur deferent, les Caualiers les adorēt, & tous les hommes de qualité ne ſont iamais ſi cōtents qu'alors, qu'ils peuuent rendre quelque reſpect ou hōneur extraordinaire à ce ſèxe. Il n'y a que la populace, les gents de peu, la vraye lie de la race humaine, qui deſire ignoramment s'eſleuer contre les femmes, les gourmander, les meſpriſer. De là vient qu'aux bonnes &

grandes maiſons, vous les voyez touſiours careſſées, ſeruies, reuerées: & aux petites on ne voit que riottes, plaintes, querelles.

De quoy il faut auſſi inferer, que rien ne cauſe tãt d'eſpines au mariage, ny riẽ n'engendre tant le meſpris des femmes, que l'ignorance & la mauuaiſe nourriture: comme d'autre coſté riẽ ne rend ce cõtract plus heureux, ny les femmes plus eſtimées, que la prudence, courage, & diſcrétion des hommes. Si les femmes valent mieux que nous, comme il eſt vray, que ne leur cedons-nous de bon cœur? Et quãd bien cela ne ſeroit pas, quelle difficulté faiſons nous pourtant de les preferer par honneur, puis qu'en deſpit de nos dents, le plus beau de noſtre nez eſt fait de leur ſubſtance?

Quelle maladie donc ou manie, quelle hereſie ou pluſtoſt freneſie poſſede auiourd'huy certains d'entre vous, qui penſent acquerir beaucoup de bruict de ſageſſe & de valeur, s'ils declament continuellement contre les ſeignant clairement par là, qu'elle les croit auſſi plus vertueuſes. Laiſſõs dõc aux Payens, Turcs, Tartares, & Moſcouites, de blâmer l'hõneur de ceſt excellent ſexe. Puis que ceux-là ſe plaiſent bien dauantage à boire dãs la couppe d'vn beau Ganymede, que d'auoir pour fidelle compagne vne chaſte Iunon. A l'imitation deſquels tous ces ſales eſcriuains, ces infames ennemis des femmes ſe mettẽt touſjours ſur les louages de Iupiter : de luy qui eſtoit le plus impudique & vilain

Archetypus pæderastiæ. C'est le vrai [illegible] du péché. Dufour, Récréations poétiq. p. 186. 1669.

An facile et pronum est agere intra viscera penem Legitimum atque illic hesternæ occurrere cœnæ?

Juv. S. 9.

le bon abbé de Marolles n'a osé traduire ces deux vilains vers, dit-il, p. 131. trad. de Juv. 1658.

Et j'en connais d'assez pais. Pour engainer.

homme qui fut iamais ſur terre, biẽ que l'infidelle antiquité l'aye logé ſuperſtitieuſement au Ciel. Auſſi à la verité, toutes ces façõs d'eſcrire ne ſentent rien de Chreſtien, elles pũent pluſtoſt le paganiſme ou la fumee de l'ancienne demeure de Loth. C'eſt pourquoy la fin n'en peut eſtre ny bõne ny louable.*

Ie ſçay que mon aduerſaire ſe voudra parer de ce coup, criant qu'il ne parle que des meſchantes femmes, & ſe retrãchant derriere le baſtion du menſonge

* Que ces empaleurs de Gomorre
Ces bougres que mon coeur abhorre,
Ces infames pescheurs d'estrons,
Ces soldats lasches et poltrons,
Qui denués de toute audace

aſſeurer fauſſement qu'il excepte les bonnes & vertueuſes. Mais c'eſt à des ſourds & à des aueugles, qu'il faut qu'il allegue ces impoſtures. Car il ne faut auoir que des yeux & des aureilles pour entendre ou voir, qu'il enueloppe peſle-meſle tout le ſexe parmi ſes ordes calomnies. Et parce que beaucoup de gents de iugement ne voudront pas perdre le temps à la lecture d'vne ſi malicieuſe cõpoſition, comme eſt ſon Alphabet d'imperfectiõ, i'en cotterai plusſieursfois des paſſa-

Ne se deffend qu'à coups de pet !

Ils viennent point pour nos supplices
Troubler en ce lieu les delices

ges entiers pour le cõuaincre & oster toute doute à ceux qui voudroient se laisser emporter à la creance de ses fausses protestations.

Quoy, n'excepter seulemẽt que la Bien-heureuse Vierge, comme fait ce perfide par deux fois, n'estce pas taxer toutes les autres Saintes & venerables femmes qui sont au ciel, ou viuent sur terre? Qui le croira dõc desormais iurãt que sõ discours ne s'addresse qu'aux mauaises? Mais voulez vous sçauoir quelle estoit son intention, en protestant de la façon ? Il penſoit par ce moyen ietter de la poudre aux yeux des plus clair-voyãts, pour puis apres tout à ſon aiſe eſtablir ſes iniures, & les faire paſſer pour veritables. Ou bien d'vne main il vouloit donner vn coup de baſton, & de l'autre preſenter l'emplaſtre, afin de guerir la bleſſure qu'il auroit faicte. Mais ceſte proprieté n'appartient qu'à la lance d'Achille, & non pas à vne ſale plume qui ne ſe veut faire cognoiſtre que par la meſdiſance.

Si ce que ie dis n'eſtoit

plus clair que le midy, ie ne fusse iamais entré en combat contre ce Barbare. Car ie ne suis pas le garand de ceste mauuaise femme, à qui aussi salement qu'inutilement il consacre & dedie son inique trauail : ny ne veux point paroistre en ce camp clos pour proteger le vice. Ie veux seulement seruir d'equitable Champiõ à tout le sexe en general pour le defendre autât qu'il me sera possible contre les opprobres & calomnies que ce Docteur Anomale publie cõtre luy. Mais d'autât que c'eſtoit la couſtume ancienne, de ne point commencer le combat ſingulier, que preálablement on n'eut iuré deuant les Iuges du camp, qu'on alloit ſe battre pour vne cauſe iuſte & veritable, c'eſt bien la raiſon que i'en face de meſme en ceſt endroict.

Ie iure & declare donc deuāt tous les gens de bien qui ſont icy aſſemblez, que ie n'ay autre but, mire, ny deſſein, que l'exaltation de la vertu, le ſalut de mon prochain, le repos particulier d'vn chacun, & par cō-

ſeque-

ſequent la gloire de Dieu. Que conſiderant que le meſpris des femmes traine inſenſiblement apres ſoy vne infinité de vices, maux, debats, querelles, noiſes, offences & pechez: Ie iuge qu'il eſt beaucoup plus expedient qu'elles ſoient loüees & priſees qu'autrement Qu'eſcrire contre leur honneur& dignité, c'eſt donner des armes en main aux ignorants & foibles eſprits pour s'en preualoir à entretenir les noiſes de la maiſon. Que le plus grand nombre des femmes eſtant addonnè à la vertu, pieté & deuotion, c'eſt iniuſtice de les deſpriſer & abbaiſſer toutes. Que la meſdiſance corrompt les bonnes mœurs, condemnee pour cela par les loix diuines & humaines. Auec ce qu'elle eſt vne marque infaillible d'vne ame malfaicte, caſaniere & baſſe: comme tout au contraire, la loüange eſt vn indice aſſeuré d'vn eſprit ſage & debonnaire. Ainſi que dict Ieſus, fils de Sirach, en ſon Eccleſiaſtique, Chapitre 6. *La langue gratieuſe abonde en l'homme de bien.*

Voilà les iuſtes raiſons qui m'ont eſmeu de combatre cet auteur de malice, & renuerſer ſes meſchantes inuectiues; afin d'enſeigner aux hommes de cherir, exalter & eſtimer dauantage les femmes, puis qu'elles sōt plus vertueuſes qu'eux. Quiconque obſeruera ce que i'en eſcris, receura vne infinité de cōtentemēts en ſa condition, & le marié particulierement trouuera deux choſes s'amender incontinent chez luy, l'honneur de ſa famille, & la paix du logis. Par ce qu'vne femme mesprisee & mal-traittee ne peut pas beaucoup se soucier de la reputation de son mary, quand elle se voit vilipendee de qui la deuroit honorer.

Auec ce qu'il faut considerer qu'elle n'est pas semblable aux bestes qu'on fait obeïr par la force, l'esperon ou le bastõ. Mais qu'elle est capable de toutes sortes de sciences & raisons, ainsi que le descrit au long le mesme fils de Sirach, chap. 17. Et selon que Socrate, le plus sage des Grecs, disoit, au recit d'Erasme en ses Apophthegmes. Quant à la paix, qui ne sçait qu'où elle est, Dieu y accourt auec sa benediction : comme tout au contraire, le diable ne cherche que diuorces, querelles, dissensions, filles du mespris, de la haine, & de la mesdisance?.

C'est donc vne chose saincte que ie vous propose, Messieurs, salutaire pour vos ames, vtile pour vostre bien, puis qu'il ne tiendra qu'à chacun de vous de faire de vostre demeure vn tit Paradis terrestre. Car où eſt le reſpect mutuel, là eſt auſſi la crainte d'offencer; où eſt ceſte crainte, là loge le deuoir; & où cetuicy ſe trouue, là abonde la paix, l'amour, la concorde, & toutes les vertus enſemble. Raiſon qui m'empeſchera de vous prier dauantage de vouloir ſoigneuſement eſtudier cet Alphabet d'honneur, par ce que vous y auez plus d'intéreſt que moy, & qu'il n'eſt faict que pour voſtre profit. Adieu.

AVX FEMMES.

DOvx ſexe, aggreable eſpece, trouppe diuine, ce n'eſt pas ſans cauſe que le bien-heureux S. Bonauenture, aſſis à la table du Roy S. Louïs, oublia le boire & le manger, rauy hors de ſoy par la conſideration de vos merueilles, lors qu'il ſe mit à contempler attentiuement l'excellente beauté de la Royne Marguerite ſa femme. Car vous eſtes le chef-d'œuure de Dieu, le modelle de la perfection, l'image de la Diuinité, le miracle de la nature, l'abbregé du Ciel,& l'ornement de la terre. Vn si grand Sainct irreprochable en sa vie, & reueré par tant de siecles apres sa mort, arresté par les rares traicts de la face de ceste incomparable Princesse, estonné de sa grãde douceur, & du tout transporté de la belle symmetrie & composition de son corps, ne trouua point de meilleur subiect que ceste Beauté, pour plus promptement escheller les cieux, & considerer là haut tout à son aise les œuures du Tout-puissant.

Aussi vos merites sont certainement si grands, que si vous en vouliez prendre vne parfaite cognoissance & estime, il n'y a point de doute que iamais homme ne vous ſeroit rien. Vos aureilles ſeroient perpetuellement bouchees à leurs charmes, vos yeux fermez à leurs contenances, & leurs mauuais diſcours vous ſeroient tellement en horreur, que vous ne leur voudriez ſeulement parler. Ou faiſant vne Republique à part, fuyriez pour iamais leur cõpagnie, cõme le veritable obiect de voſtre miſere, le ſeul ſuject de tous vos pechez. Mais encor que vo⁹ n'ignoriez point que ceſte engeance n'eſt pas digne de vous approcher; neantmoins par ce que vous ſçauez que la ſupreme volonté vous a enuoyé çà bas pour feliciter le monde, & l'entretenir par vne continuelle ſucceſſiõ; vous aimez mieux ſouffrir la rude tyrannie d'vne ſi malicieuſe race, en accompliſſant les ordonnances celeſtes, que viure particulieres auec plus de cõtentement & repos.

O bonté ſans exemple, ô charité du tout diuine, & nous ingrats & miſerables que nous ſommes! Au lieu d'eſleuer cõtinuellement les yeux au Ciel, le remercier d'auoir creé pour noſtre bien, vn ſi aggreable ſouſtien de noſtre vie, nous allons perfides, vomir d'vne bouche profane mille iniures contre voſtre honneur. Et ce qui eſt pire, nos mains qui ne deuroient eſtre employées que pour voſtre ſeruice, deuenuës ſacrileges oſent par apres tracer ces blaſphemes ſur l'innocent papier, afin de mieux publier vne si execrable meschanceté, & par ce moyen le rendre coulpable de nostre malice!...

O siècle peruerty, ô mœurs corrompuës, ô temps infame! Faut-il qu'il se trouue auiourd'huy parmy nous des enfants si mescognoissans, vrais monstres de nature, & la honte de nostre sexe, qui mesdisent de leurs meres, parlent mal de leur propre chair, & blasment le lieu de leur extraction. Ainsi fit iadis l'ingrat, fils d'vn si bon pere, Cham, qui descouurit la vergongne de Noé, & se mocqua impieusement de luy. Ainsi font ordinairement les viperes, qui ne sçauroient venir au monde sans deschirer le ventre de leurs meres. Venez ça race de Cham, engeance de viperes, quel mal vous ont iamais faict les femmes, pour en mesdire? Quel bien n'en auez-vous pas receu pour leur en estre à iamais redeuables, si vostre ame n'estoit le temple de l'ingratitude?

Indignes d'vne telle faueur, vous auez esté par le long & ennuyeux cours de tāt de mois portez dans leurs flācs, où vous auez esté cherement nourris de leur substance. Vous n'auez sceu par apres voir ceste belle lumiere du iour, sans peril de leur vie. Vous auez esté alimentez si doucement de leur laict, abbruuez de si belles mammelles, bercez, dorlotez, appaisez de leurs mains, voix, & caresses. Quand vous estes deuenus grādelets, quel amiable ſoin n'ont eu vos bonnes meres à vous conſeruer, enſeigner, remonſtrer & dreſſer? Et dés que vous auez peu tenir la campagne, ingrats! ne vous ont-elles pas fourny tout leur bien pour taſcher à vous faire deuenir honneſtes hommes?

L'antiquité a remarqué que le fils du Roy Creſus, quoy que muet de nature, il n'euſt iamais prononcé parole, voyāt neantmoins qu'au chaud de la victoire, vn furieux ſoldat s'en venoit l'eſpee ſanglāte au poing pour tuer ſon pere; l'affection & amour paternel eurent en ceſte extremité tant de pouuoir ſur luy, que rompant en vn momēt ſon impuiſſance naturelle, il delia ſa langue, & ſe mit à luy crier qu'il ne tuat point le Roy;

Tout de mesme, Mesdames, m'en est-il arriué auiourd'huy. Car bien que ma profession ne soit pas de harãguer en public, ny moins d'escrire des liures: toutefois considerant qu'vn Barbare incirconcis, vn Philistin reprouué ose insolẽment taxer vostre honneur, & mesdire impudemment de vostre saincte trouppe tant cherie de Dieu, ie ne sçauroys plus tenir mon silence, il faut que ie responde, que i'esclatte, que ie crie.

Ie voudroy bien pouuoir par d'autres moyẽs tesmoigner au monde les obligations que ie vous ay, le seruice que ie vous dois, le respect que ie vous porte: Mais puis que ceste occasiõ se presẽte de defẽdre vostre reputation auec le bec & les ongles , c'est à dire, la langue & la plume, ie ne la negligerai point. Ie terrasseray auiourd'huy courageusement deuant vos yeux ce Goliath , ceste grosse beste, conuiãt en mesme temps tout les gens de bien de se bander auec moy contre sa fausse doctrine ; afin qu'en se taisant on ne soit point rendu complice de sa meschanceté & perfidie. Rien au reste ne me faict plus libremẽt entrer en lice contre cest inhumain, que la verité de vostre innocence , & l'equité de vostre cause : que i'espere si biẽ débattre en abbattãt ce renegat, que ie redresseray vostre honneur, & l'esleueray iusques au ciel. Ie sçay biẽ que vos vertus sont si grãdes, & vos merites ſi certains, qu'aucune mau uaiſe langue ne les ſçauroit deſprimer, que nulle plume, quelque diſerte qu'elle ſoit, ne les ſçauroit encherir : mais puis qu'il s'en trouue de ſi meſchãts qu'ils vous oſent blaſmer, il eſt bien raiſonnable qu'il s'en rencontre des bons pour vous defendre.

Ie vous ſuplie donc de tout mon cœur, Meſdames, me vouloir preſter vne fauorable audience, & prendre la peine de voir patiemment noſtre combat. Ce theatre ſera grandemẽt embelly de vos preſences, & moy voyant icy autour tant d'obiects d'eternelles loüãges, le courage me croiſtra, & les paroles me naiſtront en la bouche. Ie ne m'amuſeray pas à reſpondre à toutes les mauuaiſes raiſons & exemples qu'il produict : car ce ne ſeroit iamais faict, ains pluſtoſt abuſer de voſtre patiẽce. Auſſi bien ſe contredit-il ſi ſouuent luy-meſme, qu'il n'y faut en ceſt endroict point d'autre replique. Puis, il eſt ſi ſale, effronté, & vilain en beaucoup de lieux, que i'auroy honte d'y rien reſpondre deuant de ſi chaſtes aureilles.

Vous me verrez doux contre ce fier, alors qu'il ne vous importera pas, me contentant de prouuer que vous eſtes la plus parfaicte eſpece de la terre. Mais où ie verray qu'il attaquera plus rudement le fort de voſtre honneur, ah que ie l'accommoderay comme il faut! Et parce qu'il a voulu compoſer ſon Alcoran nouueau par ordre alphabetique, i'en feray de meſme en mon diſcours, opposant à ſes iniures des qualitez du tout contraires, ſous les meſmes lettres. Ainſi aprés vous auoir faict vne très-humble reuerence à toutes, me voicy dans le camp, pour ſouſtenir à mon aduerſaire deuant tout le monde, que la femme eſt :

CHASTE.

CEux qui pouſſez d'vn religieux zele deſirent d'exterminer le vice, & dreſſer des trophees à la vertu, ne s'opiniaſtrent iamais d'en combattre le ſuiect ou la matiere, mais le vice meſme, & les vicieux. Il n'y á point de doute que la femme, Bonne de ſoy en toutes ſes qualitez, ne deuienne bien ſouuent occaſion de peché: ny plus ny moins que l'or eſt celle de l'auarice, le vin de l'yurõgnerie, le fer de la cruauté. Cependant on n'a iamais veu homme ſage s'amuſer à meſdire de l'or, à preſcher contre le vin, à decrier le fer, bien que par le moyen de ces trois choſes on face ordinairement de grands maux.

De meſme eſt ce vne grande ſottiſe à l'homme de blaſmer la femme pour vn peché qu'il luy fait commettre luymeſme auec tant d'importunité, dequoy il faict gloire par apres. Si les hommes eſtoient ſages, il n'y auroit point de bordel; ce sõt eux qui le baſtiſſent, qui le fondẽt, qui le meublent; ce ſont eux qui le maintiennent, conſeruent & defendent. Tous leurs diſcours familiers & entretiens communs ne ſont que de cela.

Auſſi toſt que quelque furieux deſir de la premiere beauté rencontree, ſe coule dans leur eſprit, ils n'ont plus de repos. Tous leurs ſens ne ſont employez qu'à la ſeduire, à la gagner, à la vaincre, ou à la faire condeſcendre à leur meſchante volonté. Combien de péchez commettent-ils, pour commettre cetuy-là? *Que de blaſphemes, de iurements, de trahiſons & de menſonges? Et ſi les artifices ordinaires leur manquent, ils ne ſont pas honteux d'auoir recours à l'aide meſme de celles qui leur appartiennent, les faiſant ſans aucune conſideration ſeruir de couuertures, & de mediatri-

*Voiez le traité de [illegible] l'onanisme [illegible] dissertation phisique et morale sur les masturbations, imprimé à Lauzanne 1760. et le poème de la manualisation, attribué à Voltaire, [illegible] l'abbé [illegible]

ces, pour plus facilement par ce moyen paruenir à leurs pretentions desordonnees.

En quoy ils sont d'autant plus blasmables, qu'à leur propre dommage, & particulier preiudice, ils aiment mieux exposer au hasard, ou à vne perte toute euidente, l'honneur & cõscience de leurs parẽtes, que de faillir à la iouyssance de ce qu'ils idolatrent. Que chacun entre en cognoissance du monde, & il m'auouëra que ie dis vray; bien que ce soit à mon grand regret. Neantmoins ils sont si aueuglez en leurs passions; & tellement preoccupez d'vn amour propre, qu'ils attribuent par-apres aux femmes seules toute la cause de ce peché, sans considerer qu'ils en ſont les auteurs, les conſeillers, & les exécuteurs.

La complexion ordinaire de la femme, ſelon tous les hommes, eſt d'eſtre froide (à ce que dit Ariſtote meſme leur ennemy) & par conſequent chaſte: au lieu que la conſtitution naturelle de l'homme le rend luxurieux & paillard. Cetui-cy va perpetuellement en queſte pour contenter ſa lubricité: & la femme au contraire eſt touſiours ſur ſes gardes, & en continuelle defence de ſa pudicité.

Pour prouuer ceſte verité, propoſons-nous que toutes les femmes de France, ſe ſont d'vn commun accord entre elles, renfermees dans quelque grand Monaſtère, & voyons ce qui en arriueroit? Il n'y eut iamais place de guerre aſſiegee auec plus de diligẽce, emportee auec plus de violence, & abbatue auec plus d'effort. Les goujats, lacquais & marmitons voudroient auoir part à ceſte conqueſte & butin, tant toutes ſortes d'hõmes ſont ſubiets à ce vilain vice de paillardiſe!

Si parmy tant de ſiecles, & entre tant de millions de femmes, il s'eſt trouué vne Meſſaline, qui ait proſtitué ſon corps aux ſaietez, que noſtre impure Pedant deſcrit au long; il ſe trouue tous les iours parmy nous, vne milliaſſe de Sardanapales, & d'Heliogabales. Mais laiſſons les reproches à part, puis que nous n'en auons beſoin, pour verifier la chaſteté des femmes, Et que tous les siecles en ont fourny des exemples; la saincte Escriture en est pleine, la profane en regorge, & les vies de tant de Sainctes ne chantẽt autre chose. On en a veu des armees entieres, & pour vne fois d'õze mille vierges sous la conduite de ceste genereuse Princesse d'Angleterre, S.^e Vrsule. L'inhumaine deffaicte de ceste belle & innocente troupe, qui empourpra toute la terre du vermillon de leur sang cruellement espanché par des hommes, deuroit seule marquer de la rougeur sur le front de nostre Docteur, s'il estoit capable d'en receuoir: Qui ne sçauroit essayer de produire aucunes pieces contre les femmes, qu'en mesme temps il ne descouure la sottise & imbecillité des hommes. Si la Putain demande sans cesse, elle ne faict que son mestier, mais qui luy donne son bien, est sans iugement.*

Toutesfois si iamais femme de ceste profession merita d'estre louee à la honte & confusion des hommes, c'est la belle & braue courtisane Phryné, citee par nostre aduersaire: Qui sans doute ne se souuenoit desia plus d'auoir voulu en son premier chapitre, prouuer auec tant de mauuaises raisons, que la femme estoit le plus auare animal du monde, puis qu'il se desment si vilainement icy. Car si vne creature vicieuse, & publique bordelière, comme estoit ceste Phryné, a eu tant

* On devroit assommer ces hommes et les confondre.
Qui sa force et vertu va dedans eux confondre.
Des Accords, dans le privilège de l'édition de 1662. Paris, Colinet, rue des Carmes, au petit Jésus.

de courage, & de generosité, de vouloir à ses frais & despens rebastir les murailles abbatues de sa chere patrie, la tant renommee cité de Thèbes, qui eut cent portes; quelle liberalité ne pourra tomber en l'ame d'vne femme vertueuse, puis que celle là d'vne amie commune, estoit du tout Royale? Et ne trouue point qu'elle soit aucunement à blasmer, d'auoir dõné vne statuë de Venus toute d'or, pour estre mise au temple d'Apollõ, puis que cela deuoit plustost faire rougir de honte tant d'hommes, qui auoient si fort enrichie vne femme publique. Voilà pourquoy Diogene ne se pût garder d'escrire au dessous de ceste statuë, qu'elle estoit faicte de l'intempérance des Grècs, pour accuser & conuaincre sa propre nation de profusion & de luxure. Quel plus grand argument sçauroit on alleguer de l'infinie, extraordinaire & desréglée paillardise, & incontinence des hommes, que cetui-cy?

Ie ne veux point loüer le vice, Dieu m'en garde, mais ie dis auec vérité, que ceste femme impudique estoit en son espece plus sage, & plus vertueuse, que tant d'hommes qui luy auoient donné ces richesses. Desia la façon de viure de son siecle la rendoit aucunement excusable de prostituer son corps: Mais elle est loüable en cela que de tout ce qu'elle retiroit de ses sales plaisirs, elle en faisoit d'honorables baſtimẽts & ouurages publics, à l'honneur de ſa patrie, à la confuſion des hommes. Car quel blaſme ne meritoient ces gens inſenſez, qui comme maſtins eſchauffez, couroient à l'enuie l'vn de l'autre à ietter leurs moyens en ceſte fondriere commune?

Mon amy, Miſogynés, tu ne deuois iamais ny pour ton honneur, ny celuy des hommes, amener ceſte hiſtoire contre les femmes, bien que ce te ſoit choſe ordinaire de citer mal à propos. Si dans toutes les chroniques, pancartes, inuentaires & regiſtres du monde, tu euſſes trouué vn ſemblable teſmoignage de l'intemperance des fẽmes, quel bruit n'euſſes tu pas faict, quel glorieux

Pæan n'eusses-tu chanté? Qui est l'effrontee, qui voulût comme cela, courir après vn putassier public, vn garsailleur ordinaire? Concluons donc, que la femme est non seulement, sans aucune comparaison, plus chaste que l'homme, mais que c'est son propre, ou attribut particulier. Pourquoy nous la pouuons encor surnommer:

garçailleur

Douce, et Debonnaire &c.

A NOSTRE MISOGYNES ANONYME, *Auteur Satyrique de l'imperfection & malice des Femmes.*

OVI que tu ſois, infame Paſquin, qui pouſſé d'vne furieuſe rage as osé, vilain chien d'enfer, deſchirer l'honneur des femmes, ie ſuis bien aſſeuré que tu ne ſeras pas beaucoup ſatisfaict en

tō eſprit de ce que i'ay mō-
ſtré à tout de monde, que
ſous le pretexte d'vne fein-
te pieté, & ſimulé zèle, tu
as composé le plus ſale &
abominable liure qui ſoit
ſorty en lumiere, de noſtre
ſiecle. Dequoy d'abord on
n'en ſçauroit rendre aucun
plus euident teſmoignage,
que tu l'as faict imprimer
ſans y mettre ton nom,
eſtant choſe ordinaire des
meſchants de fuir la lumiè-
re. Tellement que ſi tu as
receu quelque plaiſir en eſ-
criuant inhumainement
contre cet innocent & ay-

mable ſexe; i'eſpère que tu le perdras entierement en liſant la vérité que i'oppoſe à tes menſonges & calomnies. Il te ſembloit que le dédiant *à la plus mauuaiſe du monde*, & mettant à la fin vne lettre pleine de Rodomontades *au Critique Cenſeur*, perſonne ne s'oſeroit prendre à toy, ny reſpondre à tes inuectiues, crainte d'eſtre tenu pour cautiõ de ceſte créature, ou d'eſtre mal-traicté de ta plume, que tu nous dépeins ſi formidable: Toutesfois bien que ceſt artifice fût aucunemẽt subtil, & que le vulgaire des hõmes le pût estimer vne bõne & asseuree dẽfẽce; si est-ce que pour ceste fois il t'a mal reüssi, & ceste finesse a esté bien tost descouuerte. C'est pourquoy on a raison de dire que tel menace qui a peur : parce qu'il n'est pas possible qu'en traçant tes malheureuses conceptions sur le papier, tu n'eusses des remords de conscience & des reproches secrets dans ton ame, que tu faisois mal. Et pour dissimuler ceste equitable crainte tu as faict vn grand bruict de toutes parts, pensant d'vn costé, aueugler les plus auisez, en disant que tu n'escris que contre les meschantes femmes; & d'vn autre, menacer superbement les timides, en protestant que tu ferois merueilles, si quelqu'vn estoit si hardy de t'attaquer. Ainsi faisoit ce grand Apostat Martin Luther, cher mignon de Lucifer, qui suiuant les pas de son maistre, menaçoit ordinairement le Pape, les Cardinaux & Euesques, l'Empereur, les Roys & Princes der, qu'vn docte & pieux liure ne soit tousiours bien receu aux bõnes cõpagnies.

Mais ie recognoy bien à ta mine que tu me veux obiecter qu'il y a nombre de mauuaises femmes parmy le mõde, & vne grãde quantité de vicieux qui suiuent leur pratique, d'où naissent vne infinité de miseres & scandales, & que pourtant on te doit regarder de bon œil, mesme te remercier, & t'auoir de l'obligatiõ de ce que tu as pris la peine de ramasser de toutes parts ton bel Alphabet d'imperfectiõ

& malice. Si tu as raiſon, &
que ce ſoit bien fait à toy
d'eſtaller vne ſi vilaine pie-
ce deuãt les yeux des hommes, au deſaduantage &
blaſme des femmes, ſous
prétexte qu'il s'ẽ trouue qui
ne valent guéres; ne ſera t'il
pas permis à quelque autre
eceruellé de cõpoſer à ton
imitation, vn Alphabet de
la meſchanceté & corrup-
tion des Moynes, & le de-
dier au plus desbordé, puis
que tu ne me ſçaurois nier,
& que tout le mõde le ſçait,
qu'il y en a des meſchants?
Et que ſçais tu ſi quelqu'vn

n'entreprendra pas ce desſein, puis que tu en ouures le chemin, & que tu veux qu'on croye que c'eſt vne œuure ſaincte & meritoire. Ce ſeroit peut-eſtre vne des plus copieuſes matieres du monde, & autant agreable à ce ſiecle que pas vne autre: & cetuy-là pourroit dire pour ſa defence les meſmes raiſons que toy, alleguant que ce qu'il en faict, n'eſt que pour faire briller & eſclater dauantage le luſtre de la vertu des autres bõs & ſages Religieux, ainſi que tu fais des femmes.

Cependant il n'y auroit pas vn homme de bien qui ne déſapprouuât vne telle cōpoſition, la iugeant ſcandaleuſe, de mauuais exēple, & de pire conſéquence: digne pourtant d'eſtre publiquement conſommee par les flāmes, & l'auteur grieuemēt chaſtié. Si ces libertez eſtoient permiſes, comment ſe pourroient garātir la probité & ſincerité meſme des morſures des meſdiſans? & toutes ſortes de cōditions & qualitez ne pourroient à la fin éuiter d'eſtre blaſmees auſſi bien que les fẽmes & Moynes. Les Princes, Gẽtils-hõmes, conſeillers, ſoldats, & autres ne ſeroient-ils pas tous ſujets à eſtre controllez, cenſurez & rẽuoyez à des Alphabets Satyriques par des meſchãs Paſquins comme toy?

Peut-eſtre diras-tu encor pour ton excuſe, que tu n'as rien dit en ton diſcours qui ne ſoit extrait de la ſaincte, Eſcriture, ou des Peres: meſme tu es ſi outrecuidé, temeraire, & preſõptueux, de te qualifier en ceſt' epiſtre cõminatoire, *truchement du S. Eſprit.* O ſale, puante, infecte, & detestable bouche ! est il bien possible que le ciel souffre long temps ton impiété & impudẽce? D'vn bout à l'autre de ton liure, tu ne pronõces que des ordures & infamies, & tu nous voudrois faire accroire que tu és le truchement du S. Esprit? Tu es plustost l'interprète du Diable, le precurseur de l'Antechrist, le héraut de l'enfer, le messager de mensonge, l'ambassadeur de calomnie, le ministre de corruption, le patron de l'iniquité, & le vray exemplaire de toutes ſortes de meſdiſances.

Voyons toutesfois pour l'eſclairciſſement de la verité, comme tu t'és mal acquitté du titre que tu vſurpes, & ie prouueray que le premier paſſage que dés l'entree tu as cité de la parole de Dieu, tu l'as falſifié, tronqué, & corrõpu pour l'accommoder malicieuſement à ton opinion: Car le S. Eſprit parlant par la bouche de Salomon chap. *3.* de la Sapience, des mal'heurs qui accompagnent la punition des meſchans dit: *Mulieres eorum inſenſatæ ſunt, &*

nequiſsimi

nequißimi filij eorum maledicta creatura eorum, &c. Lequel passage, comme vn faux truchement, tu as ainsi estropié en ton epistre dedicatoire: *Mulier insensata, maledicta creatura eius.* Ie laisse à cet'heure à iuger aux gens de bien, si ce n'est pas plustost falsifier les conceptions du S. Esprit, que d'en estre le fidel interprete, Et ne veux point repeter en cet endroict tant d'autres passages de la saincte Escriture, que tu as accommodé de mesme, iusques à là que perdant tout respect tu t'es ioüé de quelques-vns comme des fables d'Esope, en les appellant des Hiéroglyphiques, & peruertissant ou détorquant artistement à ta fantaisie. Ainsi que i'ay particulierement remarqué que tu as faict d'vne vision du Prophète Zacharie, & de celle du mignon de Iesus-Christ S. Iean en son Apocalypse. Pourquoy ie renuoye qui en voudra voir dauantage à la lecture de mon Alphabet, & du tien.

Mais afin que tout le monde cognoisse veritablement que tant s'en faut que tu ſois le truchement du S. Eſprit (qualité que Martin Luther s'attribue pareillement) ains pluſtoſt ſon ennemy & aduerſaire, il faut prendre garde que Dieu a tant eſtimé les femmes, qu'il a voulu compoſer luy-meſme vn Alphabet de leurs loüanges, l'intituler pour plus d'honneur du nom de Viſion, le faire dicter par le S. Eſprit, prononcer ſolennellement par la bouche du plus ſage des hommes ; & coucher au long parmy les myſterieux Liures de la saincte Bible. I'en ay inseré le texte pur soubs la lettre V, ainsi qu'il est traduit par les Theologiens de Louuain. Mais parce qu'il est du tout admirable, & nous deuroit tousiours seruir de regle ou d'exemple pour bien priser les femmes, ie l'ay remis à la fin de ce discours en Paraphrase. Afin qu'outre le plaisir que tous les Sages prendront à le lire, ils voyẽt en mesme tẽps que tu n'as eu autre but, mire, ny intẽtion que de contrecarrer la Diuinité, & imiter l'enfer & la calomnie. Car puis que le S. Esprit auoit voulu de sa grace faire vn Alphabet d'honneur & de louange, toy mal'heureux seducteur, en as voulu composer vn autre d'imperfection & de malice.

Ie sçay bien que ceste feste ne te plaira point, & que tout ce que ie te dis à cet'heure, & ay desia escrit contre toy, te fera entrer en colere, iurer de despit, grater la teste, & frapper du pied : mais il faut que tu ayes patience, puis qu'il est necessaire que les gents de bien facent teste aux meschants, s'ils ne veulent estre tenus pour complices de leur perfidie.* Et puis que tu as esté si peruerty en ton esprit, & si fort transporté d'vn desir indiscret de vengeance, que tu as bien eu la hardiesse de t'opposer au S. Esprit, en composant vn Alphabet cõtraire au sien; tu ne dois pas trouuer mauuais si prenant la protectiõ & defence des femmes, i'en ay escrit vn autre pour reparer tes iniures, vilenies, & mesdisances.

Que si tu voulois faire

* maledicere cum causa, non est maledicere; interest reipublicae cognosci malos. Parler de quelqu'un en mauvaise part lorsqu'on a raison de le faire, ce n'est pas médire; il importe à la république que les méchans soient connus. Ciceron cité dans la Gazette ecclésiastique du 27. mars 1771. p. 50.

de longs plaintifs, que ne te cognoissant pas i'ay tort de t'auoir neantmoins traicté trop rigoureusement, & si mal-mené en beaucoup d'endroicts, que c'est vne pitié; il est plus que iuste, que ie me mette en deuoir de t'en faire la raison. Ie suis Caualier, & pourtant obligé de n'offencer personne, qu'auec intention de le satisfaire par les voyes d'hõneur. Ie m'offre donc de me batre contre toy en camp clos, auec vn bon second, & armes esgales; à la charge que celuy qui succombera de nous deux, ſera tenu de ſe rendre, ſe retracter & declarer publiquement deuant le monde, ſa meſchanceté & ignorãce. Mais i'entends que le camp ſera dans quelque chambre, ou Monaſtère, ou bien la Sorbonne meſme : que mon ſecond ſera vn Pere Ieſuite, & le tien de tel ordre que tu le voudras choiſir : En preſence deſquels ie te ſouſtiendray que ton Alphabet de malice eſt vn pernicieux Liure, faiſant contre les bonnes mœurs, plein d'infinies ſaletez, vilenies

& ordures desnaturées; que tu y as falsifié & corrompu plusieurs passages de la saincte Escriture, qu'il est diffamatoire en général, & en particulier farcy de tant de meschancetez & impiétez qu'il doit estre bruslé, & toy chastié exemplairement, si la Iustice n'aime mieux te pardonner.

Voilà, mon amy Misogynes, le Cartel de deffy que ie t'enuoye, pour te mettre en estat d'estre satisfaict de moy. Lequel tu ne peux iustement refuser, si tu ne veux que la France te iuge aussi tost pour vn calomniateur & vn meschant homme. Bien que si tu me voulois croire, ie te conseilleroys que tu t'en allasses plustost cacher quelque part en vne obscure grotte, pour y faire pénitence de tes fautes, & demander pardon à Dieu, de tant d'énormes iniures que tu as vomy contre le sainct & deuot sexe des femmes. Si toutefois refusant ces belles offres, & bõs auis, tu aimes encor mieux me respondre, n'oublie pas de mettre tõ nom veritable sur le front de ton Liure, à fin que ie sçache à qui i'auray affaire, & où ie te pourray trouuer. Et ne pense pas m'amuser comme les autres, auec des noms empruntez & faux, recherchez dans le droict Canon, ou tirez de Bearn, & des mõts Pyrenees: Car si vne fois tu t'imagines de me leurrer de la façon, ie te promets que ne trouuant point d'autre cognoissance ny de rencontre de ces noms Outopiques, & imaginaires; ie suiuray l'opinion la plus commune, & en te desmasquant & despeignant auec tes viues couleurs, ie te feray voir & cognoïstre à tout le monde pour tel que tu es. Cependant souuiens-toy que ie ne suis pas celuy, qui desmentant l'étymologie de son nom, a si peu vigoureusement resisté à tes calõnies, & si tost succombé à tes repliques: mais sçache que ie suis

LE CHEVALIER
DE L'ESCALE.

ALPHABET DES LOVANGES DE LA FEMME,

Dicté par le sainct Esprit-mesme, sur la fin des Prouerbes de Salomon.

Et mis icy en Paraphrase.

FAut obseruer que ces mots qui sont au dessus de chasque verset, sont les noms des lettres de l'Alphabet Hebraique, par lesquelles commencent lesdits versets par ordre.

ALEPH.

Quiconque a prez de soy vne femme riche de vertu & courage, qu'il se garde bien de ne s'en rendre indigne, ne l'estimãt pas selon ses merites: d'autant que son pris surpasse les richesses du Perou, & n'y a ny diamans, ny perles, ny tout ce qu'on aporte de rare & precieux des plus lointaines prouinces de l'vniuers qui esgale sa valeur.

BETH.

Mais il faut que son cœur se repose du tout en elle, & auec vne confiance si grande, qu'il ne songe point de chercher d'autres richesses, puis que l'ayant en sa possession, il n'a besoin d'aucune conqueste plus heureuse.

GIMEL.

Car elle est doüee de Dieu d'vn naturel si doux, que bien que son mary oubliât son deuoir & soy mesme, en la traictant mal, elle seroit neantmoins si bonne, qu'elle ne luy procureroit iamais ny desplaisir, ny fascherie quelconque.

DALETH.

Elle fuit l'oisiueté comme la poison de l'ame, & comme vne occasion certaine de tomber en péché. C'est pourquoy elle s'adonne tousiours à quelque honneste exercice, choisissant des soyes & laines de toutes couleurs, pour en faire gentiment mille curieux ouurages.

HE.

Il n'y a nauire de marchant, qui puisse raporter de la Chine, ny d'aucune partie du monde tant de besognes exquises, qu'elle ne les imite aussi tost, ou en face encor de plus belles & admirables.

VAV.

Tandis que son mary dort doucement estédu sur son lict, elle veille pour l'entretien & despéce de sa maison, songeant à si bien mesnager le reuenu, qu'il ne manque rien ny aux enfants, ny domestiques, ny seruants.

ZAIN.

Toutesfois son soin ne s'arreste pas seulement au logis. Elle n'a champ, vigne, ny metairie, où les effects de son esprit ne paroissent. Son bien augmente iour & nuict, & ses terres s'amendent de tous les costez.

HETH.

S'il est necessaire de trauailler elle ne demeure pas les bras croisez : mais monstrant bon exemple à ses valets, elle mesme met la main à l'œuure, & ne s'espargne en aucune façon.

TETH.

Bref tout ce qu'elle faict est digne d'admiration, & bien qu'elle le cognoisse, elle n'en est pourtant pas plus orgueilleuse. Tout au contraire elle se remet à la peine de meilleur courage, ne reposant pas mesme la nuict.

IOD.

Ses mains toutes delicates, s'endurcissent au trauail, chassant d'alentour d'elle tous ces faineants, qui luy voudroient persuader qu'elles ne sont faires que pour eſtre baiſees. Mais elle ſe mocque de cela, & pluſtoſt que les laiſſer inutiles, elle les occupe à la quenouille, & au fuſeau.

CAPH.

Bien qu'elle ne les croit iamais ſi biẽ emploiees, qu'alors qu'elle les eſtend pour ſoulager, penſer, nourrir ou aider les neceſſiteux, ſouffreteux ou malades, & ſur tout quand elle les ouure pour dõner la charité aux pauures.

LAMED.

Et de peur que ſes domeſtiques ne ſe reſſentent des incommoditez des ſaiſons, elle les a ſoigneuſement pourueus de diuers habits tant contre les chaleurs de l'eſté, que les frimats de l'hyuer.

MEM.

Pour monstrer au dehors la netteté de son esprit, elle se tiẽt tousiours propremẽt habillee, se parant de telle sorte, qu'elle ne face paroistre ny vilenie, ny gloire. Bien que selon les occasions elle soit par fois couuerte des plus belles & riches estoffes qu'on sçauroit trouuer.

NVN.

Qui est la cause qu'on faict dauantage d'estat de son mary, qu'il est honoré en toutes les bonnes compagnies, & que par tout les gens de qualité luy déferent.

SAMETH.

Aussi quand il a besoin de quelque chose elle luy en fournit, faisant profit de tout ce qui prouient de son labeur. En fin elle ne se reserue rien, ayant auec son cœur donné tout à son cher espoux.

A I N.

Elle se glorifie neantmoins plus d'estre paree de beauté & de vertu, que d'aucune autre chose; Car personne ne luy sçauroit persuader, qu'vne robbe, quelque riche qu'elle soit, la puisse releuer à l'esgal de ces deux qualitez. Sa grace surpasse toutes les pierreries de la terre, & sa bonne vie luy faict esperer de monter vn iour au ciel.

P H E.

Sa bouche est vn liure de sagesse, sa langue vn tresor de bonté, douceur, & clemence, & tous ses discours ne respirent rien que les commandemens de Dieu.

ZADE.

Sa maison est vn exemple de toutes sortes de vertus, d'où les infames vices qui prouiennent de la trop grande oisiueté, sont bannis pour iamais.

COPH.

Ses propres enfants ne sçauroiēt estre blasmez de la priser, & la nommer bien-heureuse. Et son mary mesme a bōne grace d'en dire du bien, de la louer & exalter.

RES.

L'ordinaire du monde faict beaucoup d'estime des femmes, qui assemblent de grādes richesses, ou font de bonnes maisons: mais ce n'est pourtant rien à l'esgard du merite de celle qui possede la vertu, qu'on doit priser par dessus toutes les autres.

SIN.

Le temps, l'aage, ou les maladies luy peuuent diminuer la grace, & oster sa beauté, comme choses perissables : mais sa pieté & la crainte qu'elle a d'offenser Dieu, la rendront tousjours recommandable.

TAV.

C'est pourquoy elle est digne que chacun luy face hommage, qu'on luy rende tribut de ses peines, & que par tous les coins du monde on publie ses loüanges.

ALPHABET INFAME,

Composé par Misogynes, Anonyme, au deshonneur des femmes, opposé & contraire à celuy du S. Esprit.

Vidissimum animal.

Tres-auide animal.

Bestiale baratrum.

Abisme de bestise.

Concupiscentia carnis.

Concupiscence de la chair.

Duellum damnosum.

Duel dommageable.

Æstuans æstus.

Esté bruslant.

((le vainqueur y est toujours vaincu. Hic Satyram [illegible] [illegible] [illegible] subegit J.B. Rousseau cité dans mes Stromates, p.

Falsa fides.

Fausse foy.

Garrulum guttur.

Gosier babillard.

Herinis armata.

Herine armee.

Inuidiosus ignis.

Feu enuieux.

Kaos calumniarum.

Confusion de calomnies.

Lepida lues.

Plaisante contagion.

Mendacium monstruosum.

Monstrueux mensonge.

Naufragium vitæ.

Naufrage de la vie.

Odij opifex.

Artisane de la haine.

Peccati auctrix.

Augmentatrice du peché.

Quietis cassatio.

Ennemie du repos.

Regnorum

Regnorum ruina.

La ruine des Royaumes.

Sylua ſuperbiæ.

Foreſt d'orgueil.

Truculenta Tyrannis.

Cruelle tyrannie.

Vanitas vanitatum.

Vanité des vanitez.

Xanxia Xerxis.

Humeurs de Xerxes.

Yurongneſſe eshontee.

Zelus Zelotypus.

Zele ialoux.

ALPHABET DE LA PERFECTION ET VERTV DES FEMMES.

Contre celuy de leur ennemy inconneu.

Angelique.
Bien-heureuſe.
Chaſte.
Douce & debonnaire.
Eſté eternel.
Fidelle.
Garde-ſilence.
Humble.
Iudicieuſe.
Kabale de Dieu.
Luſtre du logis.

l'office d'un petit bouquin très rare et cher, en voici le titre: Discours [deux] des Champs Faez, à l'honneur et exaltation de l'Amour, et des dames, par C. de Taillemont, lyonnois. (Dédié à très illustre et très vertueuse princesse madame Jeanne de Navarre, duchesse de Vendosme [mère d'Henri 4.]) à Paris, pour Felix le Mangnier, libraire-juré en l'université de Paris, au palais en la galerie allant à la chancellerie. 1585. in-16. 224 feuillets, ou 448. p. de 22. lignes chaque p.*

Voici la description qu'il fait d'une belle et jeune damoiselle [illegible], fol. 49. verso, 50. r°. et v°, et 51. recto.

.... Se présenta à mes yeux une jeune damoiselle si belle et de si bonne grace que soudain la jugeai quelque chose divine: car outre son habit propre et fait et auquel elle se manioit fort bien, elle avoit le corsage tant beau et avenant que merveille; le front large et poli, ombragé aux deux côtez d'un petit poil blond et crespelu; l'oeil bien fendu, gai et mouvant, et au dessous, les joues un peu vermeilles; le nez traitif; petite bouche, d'une levre qui eust fait honte à la rose; au dessous, le petit menton fourchu, qui ... ornement de la teste; se faisoit simple ... ble: le col gresle et longuet au dessus d'une gorge relevée, pleine et blanche come albastre; puis le sein où estoyent posez fort loing et serrez l'un de l'autre, deux petits tetons de -

* appartient à M. Baron ancien doien de la fac. de médecine de Paris, méd. des camps et armées du roi, qui me l'a prêté le 21. avril 1771.
[illegible] traits caractérisés [illegible]

mesme perfection que le marbre: le tei
d'une peau si blanche et déliée, qu'on voy
mainte les veines par dessous. les espau
larges et bien croisées; avec un bras
ferme et rond. La main fort blanche, et
charnue, avec les doigts longs et délié
surplus, je ne le vei, mais s'il est à cro
qu'il ensuivoit de près l'excellence du par
de ce qu'avec ouz*: comme d'un ventre
et poli; hanche grosse et relevée, avec la c
(et la fesse) de mesme le bras; le genouil
et bien muslé; puis une grève bien vi
avec le pied grasle et petit. Ceste damoi
ainsi parfaite, avoit davantage, un bel
ment, port et maintien de corps, que d'un
objet‡‡ elle se pouvoit rendre agréable; et
plus ont les grâces devenues archères, fe
et baignans en l'ardente humeur de ses b
yeux, tiroient par les contournemens‡‡‡ d
incessament dards et flesches suffisantes pour
et vaincre les plus forts. Au moyen de quoi
ferilant ja aucunement sien, l'allai escartis
devisant... bonne espace avec elle, je con
finalement ses graces et vertus correspon
à la beauté de son corsage; par quoi de pure
franche volonté et avec mes deux mains, a
chai mon coeur de son lieu propre en natur
le lui offrir et présenter ......

---

* Je crois qu'il faut qu'avez oui, puisqu'avec ouz ne s'entend ci
c'est une faute d'impression

‡‡ object, aspect.

‡‡‡ mouvemens lascifs, lubriques, clignotemens ou clignem
peut par là se figurer quels elles devoit les avoir dans une peti
l'observateur... oculos in fine trementes. Juv. S. 7. c'est
excellent pour un amant, et qu'en Montaigne osa dire av
raison: en vérité, en ce déduit, le plaisir que je...

www.ingramcontent.com/pod-product-compliance
Lightning Source LLC
LaVergne TN
LVHW020415230826
846091LV00004B/1289

9782012893696